IDÉES SUCCINTES

Sur une nouvelle forme d'administration civile & militaire, proposée pour la Ville de Paris, dont l'exécution la sauveroit pour toujours de l'influence arbitraire des Ministres ;

Lue à l'Assemblée générale du District des Cordeliers ; le 7 Août 1789.

Par M. CROHARE, Apothicaire, Citoyen du District, & Membre de la Société des Amis des Noirs.

IDÉES SUCCINTES

D'une nouvelle forme d'administration civile & militaire, proposée pour la Ville de Paris.

Monsieur le Président,

Messieurs,

Quand vos ancêtres, par un choix libre, confioient, au Citoyen le plus instruit & sur-tout le plus vertueux, l'administration municipale, Paris ne formoit, au plus, que la quarantieme partie de l'étendue & de la population actuelle.

En s'aggrandissant, tous les abus, ou plutôt tous les vices, qui naissent de la trop grande inégalité dans les fortunes, s'introduisirent, & successivement s'identifierent dans l'administration de la Cité.

A 2

L'égalité & la liberté en furent bannies ; l'autorité ministérielle se saisit & disposa des places en faveur de ses esclaves, & les Citoyens perdirent pour toujours l'usage des élections libres.

Depuis long-temps le Gouvernement nous environnoit d'établissemens destinés à la dissipation & à la corruption ; & le Citoyen honnête, forcé d'avoir satisfaction d'un dommage ou d'une insulte, étoit réduit à la solliciter de deux ou de trois hommes qui n'étoient pas de son choix, placés loin de lui, trop souvent indignes de sa confiance, & presque toujours de son estime. Combien on lui auroit épargné de temps, de peines & de soins, si, par une administration plus raisonnable, plus naturelle, ces premiers Juges de paix & de concorde, avoient résidé dans son quartier !

En considérant l'étendue & la population actuelle de Paris, n'avons-nous pas à craindre, Messieurs, que la nouvelle composition municipale, que l'on projette d'établir sur les ruines & dans le même local qu'occupoit celle que vous venez de détruire, quelque sage, quelque raisonnable que nous la supposions, elle ne devienne, pour nos neveux, aussi

(5)

insupportable que l'etoit celle que nous tenions de nos ancêtres. Si telle étoit la deftinée de l'inftitution projettée, ils auront à nous reprocher d'avoir laiffé échapper la plus belle, la plus importante occafion qui ait jamais été offerte à des hommes éclairés, jouiffant de la plus grande liberté, celle de fixer, par une conftitution raifonnable, leur amour pour l'égalité naturelle.

C'eft d'après ces confidérations, Messieurs, que j'ai eu l'honneur, le 24 Juillet dernier, de vous propofer, ainfi que je l'avois déja fait dans votre affemblée du mois d'Avril (1), de divifer Paris par quartiers, qui feroient chargés & de l'adminiftration civile & de la garde militaire.

Aujourd'hui, en jettant mon idée fur le papier, fans lui donner l'étendue & le développement dont je la crois fufceptible, je cede avec reconnoiffauce à la demande qui m'en a été faite par plufieurs de mes Concitoyens, qui ont bien voulu l'accueillir.

---

(1) Je propofai à l'Affemblée du 21 Avril, 1°. mon projet d'adminiftration civile, 2°. le renvoi des troupes étrangeres, 3°. la fuppreffion des Jurandes, avec une forme plus rigide pour l'admiffion à l'exercice de quelques profeffions. La claffe de Citoyens qui dominoit l'Affemblée rejetta mes trois propofitions.

Mais pour effacer jufqu'à la moindre trace de l'ancienne police, & de fon lâche & effroyable efpionnage, ainfi que les erremens de la Municipalité détruite, il doit être fait & confenti une loi de police générale, propre à ramener les Citoyens aux fentimens d'égalité & de fraternité, de l'exécution de laquelle les Officiers civils de chaque quartier demeureront chargés & garans.

En conféquence, j'ai l'honneur de vous propofer :

I. De divifer Paris, avec fes fauxbourgs, en trente quartiers ou arrondiffemens.

II. Chaque quartier aura un premier Officier civil, qui fera dénommé Bailli, Sénéchal, Syndic général, ou Préfident du quartier.

Cet Officier fera nommé pour un ou pour deux ans.

III. Il fera auffi nommé douze Commiffaires ou Affeffeurs, pour affifter le Préfident.

De ces douze Commiffaires, quatre feulement feront renouvellés tous les fix mois ou tous les ans ; mais avant la premiere époque révolue, ils tireront tous au fort, pour avoir le nom des quatre qui devront être remplacés.

Ces Commiſſaires choiſiront un ou deux d'entre eux pour faire les fonctions de Secretaires-Greffiers.

IV. Les places de Magiſtrature civile appartenant abſolument & excluſivement aux Citoyens du quartier, il ne pourra jamais, ſous quelque prétexte que ce ſoit, leur être alloué ni appointemens, ni penſion, ni gratification pécuniaire, de quelque ſomme qu'elle ſoit, quand même, pour cet effet, ils obtiendroient la pluralité du vœu de l'Aſſemblée;

La réclamation d'un ſeul Citoyen pou vant en anéantir l'effet.

V. La nomination du Préſident, ainſi que celle des autres Officiers, ne pourra ſe faire que dans une Aſſemblée générale du quartier.

Cependant, dans le cas d'une trop grande population, on pourroit, pour éviter les inconvéniens du tumulte & de la confuſion, qui empêcheroit de con—noître le vœu des Citoyens modeſtes & zélés, ordonner des Aſſemblées partielles, dans leſquelles il ſeroit nommé des Elec-teurs, dont le nombre auroit été déter-miné, chargés de ſe réunir pour nommer entr'eux leſdits Officiers.

V I. Comme la baſe eſſentielle de la

A 4

liberté sociale repose sur l'égalité absolue & la dépendance réciproque des Membres qui la composent, tous les Citoyens, de quelque profession qu'ils soient, jusqu'au Pair de France, seront réputés Citoyens du quartier, &, en cette qualité seulement, auront voix délibérative, seront éligibles & élus, s'ils obtiennent le vœu de l'Assemblée.

VII. Ces treize Officiers seront seuls chargés de la police du quartier. Ce sont eux qui feront exécuter les réglemens qui seront faits pour la conservation de l'honneur, de la vie & de la fortune des Citoyens.

VIII. Lesdits Officiers prononceront en premiere instance & sans frais, sauf l'appel aux Tribunaux, au gré des Parties, sur toutes les contestations qui s'éleveront entre Citoyens, sans égard pour les dignités de naissance ou acquises, ainsi qu'entre toutes personnes, soit qu'elles soient Etrangeres ou Regnicoles, actuellement résidentes dans le quartier.

IX. Avant de prononcer sur les contestations pour fourniture de marchandises, de quelque nature qu'elles soient, pour journées de travail, &c. &c. lesdits Officiers feront obligés de prendre l'avis écrit

& figné de trois ou même de cinq Citoyens s'il y a lieu , exerçant la même profeſſion que celui contre lequel on réclame ; le tout ſans frais , & ſauf l'appel.

La connoiſſance des conteſtations entre Citoyens habitans de différens quartiers , qui prétendroit appartenir excluſivement à leur Officier , feront portées à la déciſion du *Maire de la Ville*, qui les renverra , en premiere inſtance , à l'Officier de l'un des quartiers.

X. La conſommation des ſubſiſtances étant immenſe , & de nature à ne pouvoir fouffrir aucun retard , leur approviſionnement & renouvellement ſera confié à la follicitude continuelle d'un Bureau permanent , auquel on réunira , tout ce qui eſt relatif à la navigation , à l'entretien des ports, des quais , &c.

Pour cet effet , chaque quartier enverra à l'Hôtel-de-Ville , *comme chef-lieu*, un ou deux Commiſſaires pour y former les Bureaux néceſſaires pour la direction & adminiſtration des objets ci-deſſus énoncés.

XI. La Ville de Paris a des octrois confidérables qui fatiguent la claſſe la plus nombreuſe & la moins aiſée des Citoyens, pour en alléger le fardeau , en attendant le jour deſiré de leur extinction , les trente quartiers enverront chacun à l'Hôtel-de-Ville deux Citoyens chargés uniquement de vérifier & d'apurer les comptes de la Ville en recette & en dépenfe depuis un an , & d'avifer aux moyens de fupprimer, ou au moins de réduire les droits que les Citoyens payent à la Ville fur les objets de confommation de premiere néceffité.

M. le Maire fera Préfident perpétuel de tous les travaux qui fe feront à l'Hôtel-de-Ville.

La Ville a de grandes propriétés fon cieres, dont le revenu eft plus qu'abforbé par les charges. Il eft intéreffant pour tous les Citoyens que les premieres foient vendues, pour arriver plus promptement à la libération des fecondes.

Tous les Commiffaires , énoncés dans les articles 10 & 11 , feront obligés de rendre compte tous les quinze jours à leur quartier, de ce qu'ils auront arrêté pour le bien général de la Commune, & tous les mois ils feront imprimer & afficher le réfultat de leur travail, & les opérations faites pour l'approvifionnement de Paris.

Ces Commiffaires refteront en fonctions pendant fix mois ; mais avant l'expiration des fix premiers mois, ils tireront au fort pour avoir le nom de ceux qu'il faudra remplacer.

Leur nomination , ainſi que celle de tous autres , ne pourra ſe faire que par billets au ſcrutin dans une Aſſemblée générale du quartier convoquée à cet effet.

XII. Les Officiers Civils , quelle que ſoit la dénomination ſous laquelle ils ſeront employés , ne pourront entrer en fonction qu'après qu'ils auront prêté ſerment à l'Aſſemblée générale.

Il ſera arrêté une formule de ſerment qui ſervira pour tous, & dont il ſera délivré un exemplaire imprimé à chaque Citoyen du quartier.

XIII. Tout Citoyen, de quelque état ou profeſſion qu'il ſoit, qui deſirera porter ſon établiſſement dans un autre quartier, ou même ſe retirer en Province, ſera tenu de prendre une atteſtation, ſignée du Préſident & du Greffier, qui contiendra que pendant tout le tems qu'il a demeuré dans le quartier, il y a rempli avec zele & honnêteté les devoirs de Citoyen.

On arrêtera, avec les 29 quartiers, la formule de cette atteſtation.

Garde Bourgeoiſe ou Citoyenne.

I. Tout Citoyen, depuis l'âge de 20 ans juſqu'à celui de 50, ſera obligé d'avoir à lui un fufil avec fa bayonnette, & une épée à garde de cuivre doré.

II. Pour éloigner les effets trop funeftes du luxe, fur-tout dans une affociation civique naiffante, il doit être arrêté avec les autres quartiers, que le drap deftiné pour l'habit militaire, fera d'un prix modéré; la couleur du parement & la marque des boutons feront différentes, pour que chacun puiffe reconnoître fon Régiment d'avec celui d'un autre quartier.

III. Tous les mois, à jour fixe, le Régiment fe rendra dans une place à l'heure donnée par le Colonel du quartier, pour y être paffé en revue. En rentrant dans Paris, il marchera fur deux hommes de front, tambours battans & drapeaux déployés. Chaque Compagnie continuera ainfi la marche, fans qu'aucun Citoyen puiffe s'en féparer avant que la Compagnie foit rendue à la porte de fon Officier Major ou Capitaine.

IV. Le Commandant Général de la Garde Citoyenne des 30 quartiers de Paris, fera obligé de faire trois, ou même quatre revues générales par an.

Pour cet effet il indiquera un lieu commode pour la réunion & les évolutions des 30 Régimens.

V. L'impoſſibilité bien reconnue, d'avoir nuit & jour un nombre ſuffiſant de Citoyens ſous les armes, pour la ſûreté de l'intérieur & des fauxbourgs de Paris, néceſſite l'établiſſement d'une garde ſtipendiée.

GARDE PAYÉE.

I. Cette garde, à cauſe des circonſtances actuelles, & juſqu'à ce que nous jouiſſions de la tranquillité que nous devons attendre de la réforme de notre conſtitution civile, pourroit être portée dès-à-préſent pour chaque quartier, de trois à quatre cens hommes, ce qui nous donneroit pour la réunion des trente quartiers douze mille hommes armées, dont quatre mille ſeroient continuellement en activité.

II. Par la ſuite on laiſſeroit tomber graduellement toutes ces forces à huit, à ſix, & même à quatre mille hommes. Il n'eſt peut-être pas inutile d'obſerver, que pour ſa ſûreté, la Ville de Londres n'a ni Citoyens armés, ni garde ſtipendiée.

III. Aucun Officier ni ſoldat ne ſera admis à ſervir dans la garde payée, qu'après qu'il aura été reçu & ſermenté par les Officiers civils du quartier.

IV. Aucun Officier ni ſoldat ne ſera admis au ſerment, qu'après qu'il aura juſtifié, par atteftation valable , que depuis quatre ans il s'eft conduit en brave & honnête Citoyen.

V. La dépenfe de la garde payée fera affeétée fur les maifons, à la charge par les propriétaires de la répartir fur les locataires à raifon du prix du loyer.

EXTRAIT du Regiftre des Délibérations de l'Affemblée du Diftriét des Cordeliers.

Dudit jour 7 Août 1789.

L'ASSEMBLÉE, après avoir entendu la leéture du projet civil & militaire pour la Capitale , rédigé par M. Croharé, l'un de fes membres , leéture qui a été faite d'après les follicitations de plufieurs perfonnes de cette Affemblée , a déclaré qu'elle remercie M. Croharé du zele dont il eft animé pour le bien de la Commune , qu'elle a entendu avec plaifir & reconnoiffance les moyens propofés par M. Croharé, & penfe que ces moyens ne peuvent être que de la plus grande utilité à toutes les perfonnes qui fe propofent de contribuer par leurs lumieres à fubftituer un régime civil & militaire, bien ordonné, à celui qui exiſtoit avant la révolution ; en conſéquence, & avant de manifeſter à cet égard le déſir dont elle eſt pénétrée de donner la publicité au travail de M. Croharé, à la requiſition expreſſe de ces honorables membres, a nommé pour l'examen de ce projet, & y faire les augmentations ou diminutions dont il peut être ſuſceptible. Quatre Commiſſaires, MM. Naudet, Carnot, Brichard & Desjobert, & d'après le rapport qui ſera fait par leſdits Commiſſaires, arrêter définitivement ce qui ſera convenu par l'Aſſemblée.

PEYRILHE, *Préſident.*

POULTIER, *Secrétaire.*

EN l'Aſſemblée des Commiſſaires nommés, par l'arrêté pris en l'Aſſemblée générale du Diſtrict des Cordeliers, tenue le 7 Août 1789, après la lecture du projet préſenté par M. Croharé, l'examen de ce projet, & les différentes obſervations recueillies : il a été délibéré de rendre à M. Croharé le témoignage d'approbation que lui méritent ſes vues patriotiques, de voter que, ſous le bon plaiſir de l'Aſſemblée générale du Diſtrict, ſon projet ſera imprimé le plus promptement que faire se pourra : observant néanmoins que M. Croharé ajoutera à son projet, que tous les Citoyens domiciliés, depuis vingt ans jusques à cinquante ans, seront toujours en armes, & prêts à voler à la défense & au secours de la Patrie ; ce qui conduira à la réduction de six mille les douze mille hommes de troupes qu'il propose de solder : ajoutant que M. Croharé témoignera notre reconnoissance à tous les non domiciliés qui ont servi la Cause publique pendant la révolution ; réclamera les mêmes services dans les circonstances difficiles qui pourroient se présenter ; & les assurera que si nous ne les employons pas pour le moment, ce n'est que pour ne les pas détourner de leurs états.

Ce 17 Août 1789.

NAUDET, *Commandant du District.*

PRUDHOMME, *Président.*

BRICHARD.

A PARIS, de l'Imprimerie de N. H. Nyon, rue Mignon, 1789.